U0138959

幼兒學習區角
情境規劃的學理與實務

五南圖書出版公司 印行

黃世鈺 著

再版序

　　自1999年《幼兒學習區情境規劃》一書出版付梓,轉眼20年。新版融入歷年來作者在海內外幼兒園現場輔導的各項精粹歷程,並保留部分照片為誌,書名易為《幼兒學習區(角)情境規劃的學理與實務》。

　　一本作者立意希望透過圖文並茂的呈現方式、和言簡意賅兼容學理與實務的初衷;本書除綜合依據海峽兩岸幼教課綱所規範的要點進行撰述外,目的更在提供幼兒園園長、教師、家長,以及所有關懷幼兒學習與成長的各界人士,能經由瞭解其重要性、具體落實並發揮主題課程設計與學習區(角)規劃在教師和家長啟發、引導幼兒學習並主動探索等相輔相成的功能。

　　全書內容從認識幼兒學習區(角)情境規劃起步,內含:幼兒學習區(角)情境規劃的目的、學理基礎、特質、類型、要素、準備、內容、技巧、案例,以及在主題課程與教學的實踐等,共計十一章,並附幼兒園幼、小、中、大班現場教學的影片,提供教學實施與研討的佐證與借鏡參考。深盼能透過深入淺出的學理論述、輔以在幼兒園現場實踐的各項圖例,助益教師與家長能從淺白易懂中,配合幼兒發展與學習,達到即學即用、沉浸類化於日常活動中的教育成效。

　　感謝五南圖書出版公司肯定與支持作者實踐終生學習的努力,尤盼讀者不吝斧正,以利再接再厲、持續改進。

黃世鈺　謹誌於澄清湖畔於2019.08

目　錄

第一章

認識幼兒學習區（角）情境規劃

幼兒學習區（角）（Learning Center）情境規劃是指：經幼兒園規劃，提供幼兒主動探索與自由操作的學習場所，是建構幼兒境教的橋梁與發現學習的觸媒。

幼兒學習區（角）情境規劃，旨在具體實踐培育幼兒主動與獨立學習的區角教學精神。

從揭櫫善用情境著手，引導幼兒教師認識幼兒學習區（角）情境規劃的意涵起步、理解幼兒學習區（角）情境規劃的相關學理、領悟幼兒學習區（角）情境規劃包括的內容、認知幼兒學習區（角）情境規劃應有的準備，再依序按部就班呈現各項規劃的技巧、並輔以參考各項實作案例後，能兼融家長對於幼兒學習的期待，以及依據幼兒發展滿足其學習需求。

規劃幼兒學習區（角）情境，有助於消弭學理認知與教學實務的扞格及衝突，同時能知行合一地改善下列在傳統上的誤用與迷思：

一、利用高過幼兒視野的櫥櫃，隔出幼兒學習角落；

二、僅把學習區（角）當作教室布置，在教學上仍以注入式的講述、一貫使用坊間制式教材、要求齊一的學習步調與成果、一味滿足在部分家長要求教得多、教得新（有新教材即用）。

三、教學後或有空時，才讓幼兒到學習區（角）自己玩，未能或不會將情境融入教學，發揮沉浸式學習的功能。

透過幼兒學習區（角）情境規劃，轉換幼兒在園的各項活動為幼兒能學、可學的區角教學方式，讓幼兒從遊戲中學其所需，玩其所學，是達到幼兒教育目標的有效途徑。

　　幼兒學習區（角）情境規劃具有學習區、幼兒學習區、幼兒學習區情境等項意涵，以及角落、角落教學等相關用詞。謹分項釋義如下：

第一節　學習區和角落

　　學習區（或稱Learning Area、Interest Center）是指：為達成教育目標，所安排與設置的各式學習區域。

　　學習區散布在空間裡，配合學習者的運用動線，形成聚落和群組的型態，又稱角落（corner）。

　　學習區通稱學習角，學習區教學也通稱角落教學。

第二節　幼兒學習區（角）

　　幼兒學習區（Learning Center for Kids）是指：經幼兒園規劃，提供幼兒主動探索與自由操作的學習場所。

　　幼兒學習區（角）包括：幼兒的活動室（或班級教室）內，以及園區裡，可以讓幼兒安全地進行學習與活動的地點和空間。

第三節　幼兒學習區（角）情境

　　幼兒學習區（角）情境（Situation of Learning Center for Kids, SLCK）是指：經幼兒園規劃兼容認知、技能與情意教育（Affective Education）等有意義的內容，提供幼兒主動探索與自由操作的學習場所。

　　幼兒學習區（角）情境強調以幼兒為中心，包含各項豐富的認知素材、動作的技能資源，以及情意教育的態度、情緒與鑑賞等要素，期能啓發幼兒學習接受（receiving）、反應（responding）、評價（evaluation）、組織（organizing）與整合（characterizing）等目標層次；有別於以教具操作或教師教學導向，性質上也與幼兒學習環境不同（參見下圖）。

第四節 幼兒學習區（角）情境規劃

　　幼兒是學習區（角）情境規劃的主人翁，教師是幼兒學習區（角）的規劃者，也是幼兒操作學習區（角）時的啟發者、協助者、觀察者與評量者。

　　用心的教師能配合學前幼兒感覺動作與運思前期的認知特質，例如：利用運送冰箱的大紙盒，規劃一處「妙妙屋」，讓孩子有個小小的家，可以進行扮家家的合作遊戲，也可以開個窗口當戲台玩木偶，進行語文表達與角色扮演。

　　每一個學習區（角）都可以用「角」（如：觀察角）、「屋」（如：童話屋）或「家」（如：娃娃家）等兒語化、貼近幼兒心理與習慣用語的方式加以命名，期能更吸引幼兒萌發主動探索的興趣。

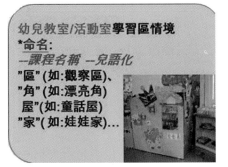

第二章

幼兒學習區（角）情境規劃
的目的

幼兒學習區（角）情境規劃由於依循幼兒發展的認知學習特質、符應啓發主動教學的原理、配合多元探索的主題課程、適應個別差異、滿足個別化學習的需求，故具有促進幼兒健康成長、培育幼兒生活習慣、奠基幼兒科學教育、啓發幼兒創意思考、豐富幼兒學習經驗等目的。

第一節　促進幼兒健康成長的目的

從幼兒發展與學習特質而言，實施幼兒園教育，幼兒學習區（角）情境規劃係依循幼兒發展的認知學習特質，設計多元、動態與異質的生活與活動環境，讓幼兒活潑、愉快的自主學習，獲得快樂的成長經驗，具有促進幼兒健康成長的目的。

第二節　培育幼兒生活習慣的目的

幼兒學習區（角）情境規劃係符應啓發主動教學的原理，呈現多采多姿、開放性的學習刺激，有如磁石般吸引幼兒感官好奇，豐富幼兒美感經驗與情意教育、調適幼兒與同儕及人際互動

的社會性，具有培育幼兒適應環境、自發性學習與合群守紀律等生活習慣的目的。

第三節 奠基幼兒科學教育目的

幼兒學習區（角）情境規劃係配合多元探索的主題課程，安排操作、探索的學習內容，能配合學前幼兒在感覺動作期與操作前期的認知發展特質，具有奠基直觀體驗、實事求是、獨立學習等科學教育目的。

第四節　啟發幼兒創意思考的目的

幼兒學習區（角）情境規劃係適應個別差異，引導幼兒無拘無束、自由自在地從遊戲中學習，發揮喜歡幻想、天馬行空的本性，具有啟發幼兒創意與進行思考的目的。

第五節　豐富幼兒學習經驗的目的

幼兒學習區（角）情境規劃係配合個別化學習的需求，能提供滿足幼兒依附性的安全操作情境，讓幼兒沉浸在興趣學習的氛圍中，再三反覆、樂此不疲。具有調適幼兒情緒表達、尊重個別差異與建立自信等豐富學習經驗的目的。

第三章

幼兒學習區（角）情境規劃
的學理基礎

幼兒學習區（角）情境規劃係依據幼兒認知發展（Cognitive Development）、開放教育（Open Education）、遊戲學習（Play Learning）、啓發式教學（Heuristic Teaching）、自我導向（Self-Direction）與類化遷移（Generalization & Transfer）等學理基礎，所揭櫫的概念與原則進行規劃。

第一節　認知發展的學理基礎

依據幼兒感覺動作期（Sensorimotor Stage）與前運思期（Pre-operational Stag）等認知發展特質，幼兒學習區（角）情境規劃可透過具體操作的實物，引導幼兒透過視、聽、觸動、嗅覺等感官探索，發展其學習基模，進行直接推理、運用簡單符號，從本能性的反射動作、進展到具有目的性的學習課程，達到獲取知識、成長學習的效益。

第二節　開放教育的學理基礎

開放式幼兒教育強調以幼兒爲中心、透過遊戲，鼓勵幼兒經由發現與探索，培育自發性學習的動機與能力……凡此理念與努力，一向爲幼兒教師、父母與社會所肯定與力行。

　　幼兒學習區（角）情境規劃基於幼兒的個別差異，設計富有彈性、多樣性及自主性的學習區情境，並融入統整性的主題課程、生活化的操作素材和動態化的學習歷程，同時輔以教師多元多類的評量方法，期使幼兒獲得整體學習的效益。

第三節　遊戲學習的學理基礎

　　從參與遊戲時的快樂心境，基於興趣原則與趣味因素的前提，規劃有趣的、主動性的與自由意願的學習區（角）情境，將遊戲與學習結合，讓幼兒「在遊戲中濡染學習的要素，從學習中沉浸遊戲的

趣味」，進而啓發興趣，培養自發、自律與自主性的獨立學習能力，使整體學習充滿生動活潑、愉快主動的效益。

第四節　啓發式教學的學理基礎

　　包括：綜合發覺現象—解決問題—激發學習的歷程，規劃觀察、操作與體驗的學習區（角）情境，引導幼兒先瞭解學習區（角）情境的課程目標與問題情境；接著經由討論、假設、比較、探索和試做，啓發幼兒自我解決問題能力，讓幼兒獲得有意義的統整學習。

第五節　自我導向的學理基礎

　　係從瞭解幼兒興趣學習的心理傾向，規劃啓發幼兒動手操作、滿足自我挑戰、自我期許和自我實現的學習區（角）情境，讓幼兒從具有成就感中建立學習自信，進而持續維持學習動機，增進知識與成長發展。

第六節 類化遷移的學理基礎

　　掌握幼兒擬人化的學習特質，規劃引導幼兒模擬人文世界與自然環境互動的各項學習區（角）情境，讓幼兒在遊戲學習中，學習包容差異、欣賞多元文化、覺察環境變遷，並培養適性的情意教育，產生學習應用與促進、並發揮類化與遷移的學習效益。

第四章

幼兒學習區（角）情境規劃
的特質

幼兒學習區（角）情境規劃能夠展現低阻隔性（Low Barrier）、低指導性（Low Guidance）、高自發性（High Spontaneity）、高創意性（Highly Creative）等特質。

各項特質的意涵，分述如下：

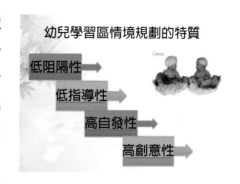

第一節　低阻隔性

係指幼兒學習區（角）情境在學習空間的規劃上，應儘量避免在高度和視野上的阻隔，讓幼兒沉浸學習區操作時，視野仍可經常接觸到教師的關注，並讓教師可以持續灣視幼兒在學習區（角）的操作情形，瞭解學習狀況、發現學習的困難以提點需求性的協助、或察覺可貴的學習表現以提供增強性的鼓勵。

第二節　低指導性

　　係指規劃幼兒學習區
（角）情境，需提供教師在教
學引導上，呈現尊重孩子的自
我探索與學習發現、教師保持
減少不必要的干預而能適時與
及時介入，以及持續維繫師生
良性的教學互動等功能。

第三節　高自發性

　　係指規劃幼兒學習區
（角）情境，必須能吸引幼兒
的注意力、激發幼兒的學習興
趣、提供幼兒自行操作與自我
學習的各項器材，讓幼兒產生
主動學習的意願，養成高自發
性的學習習慣。

第四節　高創意性

係指規劃幼兒學習區（角）情境，需能展現啓發幼兒創造思考的學習刺激，讓幼兒在動手體驗中，經由遊戲中學習，促進學習類化，自我研發更多生動有趣的操作方法，產生童趣與獨特創意的特色。

第五章

幼兒學習區（角）情境規劃
的類型

　　爰於幼兒教育理論的研發進展與論理思辨，近年強調學習者本位、幼兒中心的幼兒教育觀普受重視與推展，影響所及，規劃幼兒學習區（角），在型態上依據幼兒教育思潮演進與臨床教學的實務需求，具有櫥櫃型（隔櫃

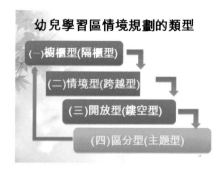

型）、情境型（跨越型）、開放型（鏤空型）及區分型（主題型）等類別。

第一節　櫥櫃型（隔櫃型）

　　係基於教師教學本位，以櫥櫃作為幼兒學習區（角）情境的空間區隔，因為制式櫥櫃有一定的高度，相對於幼兒身高，俗稱為隔櫃型。

　　櫥櫃型以整齊放置教材為主軸，呈現典型的課程中心特色。當幼兒學習情境被一個個櫥櫃區隔時，整體空間容易形成迷宮的氛圍，並影響幼兒操作動線的路徑。

　　幼兒在櫥櫃型的學習區（角）情境操作，容易被櫥櫃的高度隱藏，除了減少安全感、不容易專心操作外，由於無法隨時放眼瀏視幼兒，在師生互動與學習指導上也受到限制；同時，櫥櫃型的學習區（角）情境也容易被沿用為櫥物櫃，當作擺置幼兒的學習素材。

　　櫥櫃型的幼兒學習區（角）情境規劃，由教師主導幼兒進入學習區（角）操作的時機與內容，學習區（角）情境是課程的附

屬，幼兒係利用學習的餘空進入學習區（角），各項操作物未必與幼兒學習主題相關，端視教室資源擺置，顯現以教材為主的規劃類型。

第二節　情境型（跨越型）

　　基於降低櫥櫃高度的考量，規劃幼兒操作時能保持師生目光接觸的空間情境，期能增進師生互動與幼兒學習成效。

　　情境型利用低矮的櫥櫃區隔空間為特色，強調幼兒學習素材可置放於低矮的櫥櫃內及櫥櫃上，以吸引幼兒注目、並求有利於幼兒的合作學習。

　　幼兒在降低櫥櫃高度的情境型學習區（角）情境操作，活動與路徑圈圍在櫥櫃的空間裡，一如高櫃型的學習區（角）情境，有其固定的範圍，整體教室呈現類似積木區隔的狀態，容易造成幼兒跨

越櫥櫃的失序現象，又稱跨越型學習區（角）情境規劃。

　　情境型的幼兒學習區（角）情境規劃都在教師指定的時機下，讓幼兒始能進入學習區（角）操作。學習區（角）情境所規劃的內容，為經常擺置的幼兒積木或相關玩具，是課程外提供幼兒操作的地區，在幼兒等待或教師未排學習課程時進入；各項操作物和學習主題未必連結，顯現以教師為主的幼兒學習區（角）情境規劃。

第三節 開放型（透視型）

　　基於感官透視的思維，利用鏤空型的櫥櫃區隔幼兒學習區（角）情境，讓幼兒對於擺置在櫥櫃上的學習素材一目了然，激發動手操作的興趣，又稱透視型學習區（角）情境規劃。

　　開放型的幼兒學習區（角）情境，不拘泥櫥櫃的高度，強調提供幼兒在透視型的櫥櫃前後操作，可同時由不同幼兒前後共同操作，增加合作與共同學習的機會，並擴展幼兒的學習視野。

　　經由開放性的擺置型態，幼兒可隨取隨放教材或玩具。但由於鏤空型的櫥櫃缺少擺置的穩定性，容易掉落，師生必須注意學習與活動時的安全維護。

　　開放型的幼兒學習區（角）情境規劃通常搭配套裝課程，利用鏤空的高低櫥櫃，擺放配置的操作教具。教師通常在課前接受既定套裝課程的教學技巧，以及引導幼兒操作的訓練，幼兒透過操作學習區（角）的教具進行學習，顯現以教具為主的情境規劃。

第四節　區分型（主題型）

　　依據開放教育的學理，以完全不區隔的空間，採用圖案造型、或顯示學習素材輪廓的區分線規劃幼兒學習區（角）情境。

　　區分型的幼兒學習區（角）情境規劃，強調基於幼兒中心，主張把空間還給孩子，利用開放性的教材擺置方式，以平面線條輔以操作物的原有高度，作為學習區的自然區分界線，無需憑藉櫥櫃高度與櫥櫃的儲存空間，吸引幼兒主動學習。

　　在配合學習區（角）教學時，區分型的學習區（角）情境規劃呈現開放性的角落操作，能延伸幼兒的學習主題，實踐經由幼兒學習行為衍生教學目標、落實融合教學與素材的學習功能，又稱主題型學習區（角）情境規劃。

　　區分型的幼兒學習區（角）情境是幼兒進行學習時的主體，在教師引導下，配合教師所規劃的課程主題，輪次更換每日操作的區（角），學習區（角）具有達成學習目標，以及充實與延伸幼兒學習的功能，顯現學習者中心的幼兒學習區（角）情境規劃。

　　四類幼兒學習區（角）情境規劃配合幼兒教育理論的哲學背景、幼托場域的使用需求，相互影響並依序演化，提供幼兒園及教師們在運用教學和活動上充分利用。

第六章

幼兒學習區（角）情境規劃
的要素

　　爲彰顯幼兒學習區（角）情境規劃的功能，提供多元與具體的學習刺激，在規劃上通常具有角落牌、標題字、區分線和操作物等要素。

第一節　角落牌

　　角落牌是顯示角落功能與性質的圖騰，可作爲標示學習區（角）性質的形態與標記、蘊含引導幼兒認知與識別區角屬性的功能。

　　由於幼兒多未學習識字或識字有限，因此，角落牌通常採用具體的實物畫、或生動有趣的人物造型、或是功能性的圖案，作爲表達角落的非語文圖示，讓幼兒可以望圖知義，是不可或缺的

媒介。比起更早期的角落規劃裡，僅張貼角落名稱的字眼，效果尤其更顯著。角落牌的豐富性，也具有激發幼兒創意思考、引導幼兒自發性探索的積極意義。

第二節　標題字

　　標題字是學習區（角）的名字，也是讓幼兒串連抽象字體與具體物的學習橋梁。讓幼兒在角落牌的圖形與標題文字的結合下，是一項幼兒自然化的全語言學習方式；加上注音的標題字，也是實施情境化的幼小銜接教育。

　　標題字可用電腦選字，再影印放大；每個字分開寫，更能與角落牌搭配，不論排成圓弧形或單向直式、橫式編排，都具有童趣。標題字能以幼兒的生活經驗與活動為主、加上兒語化命名字，尤其能吸引幼兒注目，進而主動接觸。

標示學習區（角）名稱的用字。可配合幼兒的語文學習和識字能力，採國語文字、注音符號、母語拼讀、英文單字……，或是華文加注音、華文配母語、中英文並陳等雙語型態，視教師預期的幼兒學習目標與進度而定。

第三節　區分線

　　區分線是學習區（角）空間與範圍的界定線。學習區（角）情境在規劃上欲期降低師生視線交會的阻隔性，以及滿足幼兒操作時的安全感，進而培養幼兒自我學習的專注力與持久性，強調採區分線方式進行規劃，也意在以避免櫥櫃式的阻隔空間，讓幼兒產生壓迫與不安全感，甚至浮躁不安、無法靜心操作體驗。

　　區分線可以是擺置物（如：地墊、矮桌、低櫥或呼拉圈）的下緣，所自然形成的學習區（角）分界；也可以利用彩色膠帶作為區域識別或圖以圓圈作為間隔。

第四節　操作物

　　操作物是幼兒在學習區（角）內操作的學習素材和資源。操作物在配合課程主題下，透過教師引導幼兒進行準備，可採取師生共同蒐集、或教師、或由親子一起準備，再進行統整規劃，再陸續展現或配合學習進度一次、或多次擺置於學習區（角）內。

　　操作物是擺置於角落中，為達成該學習區（角）設計的用意，提供幼兒探索、遊戲的素材。為瞭解幼兒的自主學習成效，教師猶可設計作業單擺置其中，例如：讓幼兒

畫出所排的積木形狀，或是貼上所拼的字形等，都是可行的安排。

學習區（角）情境內的操作物具有兩項特質：

一、延伸主題課程的學習

以主題課程為核心學習，提供幼兒能加深學習厚度與加廣學習層面的素材。

二、激發創意思考的學習

以主題課程為學習彙整焦點，啟發幼兒自我創作、自由發揮思考與想像力的素材。

幼兒學習區（角）情境規劃的角落牌、標題字、區分線和操作物等要素，配合課程的學習主題，通常善用暖色系以吸引幼兒注目，同時彩繪童趣化的圖騰，啟發幼兒學習動機，有助於增進幼兒學習成效。

第七章

幼兒學習區（角）情境規劃的準備

幼兒學習區（角）情境規劃強調依據幼兒身心發展（如：卡通圖騰、高度、色彩），以滿足幼兒學習需求（可觸摸、操作的感覺動作學習素材），充實幼兒生活經驗（由近而遠、從鄉土題材著手），不論空間大小，均可善用園所既有的資源和空間來進行。

妥善的準備是規劃幼兒學習區（角）情境的重要後盾。

在規劃的準備上包括：瞭解幼兒學習區（角）情境規劃的事項、熟習幼兒學習區（角）情境規劃的步驟，以及彙整幼兒學習區（角）情境規劃的資源等內涵。

第一節　瞭解幼兒學習區（角）情境規劃的事項

在進行規劃準備時，必須瞭解下列規劃的事項：

一、背景事項

幼兒是學習區（角）情境規劃的主要對象，符合幼兒發展狀態的學習區（角）情境，能與幼兒的成長相輔相成，發揮最大的效益。

二、學習事項

成長學習是幼兒教育的重要指標，學習區（角）情境，能融入幼兒主題課程的學習事項，是豐富幼兒學習活動的情境，可與幼兒教育目標相得益彰、精進幼兒的發展。

三、辦園事項

對創園辦學理念及教育宗旨的詮釋，是規劃幼兒學習區（角）情境的重要依據與特色。例如：強調實施健康教育優先者，對於幼兒的體能學習區（角）規劃，必須呈現更多的著力點。

第二節　熟習幼兒學習區（角）情境規劃的步驟

在進行規劃準備時，必須熟習下列步驟：

一、掌握欲規劃情境的空間大小與相關機能

對於空間大小與機能性的掌握，是落實幼兒學習區（角）情境規劃的基礎。任何幼兒的活動空間，不論大小、形狀，均可依據實際需求，以功能性、實用性的觀點規劃為幼兒學習區（角）。例如：在幼小班裡，能以附帶洗手台的清潔區、以榻榻米鋪圍供翻滾的彈跳區等。

二、從平面規劃與實際擺置兩步驟，依序進行

　　平面規劃從整體性的考量情境著手，包含：地面與壁面空間的丈量、依比例繪製縮圖，以及草擬角落配置圖，逐一加以記錄與標記，並接續進行造型設計、擺位思考、安排動線與選取操作教具等事項，是落實幼兒學習區（角）情境規劃的必要起步。

　　實際擺置是現場操作的歷程，依據平面規劃的藍圖，按圖索驥、條理井然的呈現各項學習區（角）情境規劃、空間配置、地上物位移（如：櫥、櫃），以及角落陳設等。且需就臨床實務，進行必要的修正與彈性調整。

　　除手繪外，亦可善用電腦繪圖軟體進行規劃。惟需考量幼兒學習區（角）情境的多元、生動與豐富性，避免流於固定模式的複製與僵化。

第三節 彙整幼兒學習區（角）情境規劃的資源

在資源上，包括規劃與製作的材料、量尺工具，以及充實於學習區（角）內各項活動空間的資源。

 一、規劃與製作的材料

包括：繪製平面圖時需準備方格紙、2B鉛筆、橡皮擦與彩色鉛筆等。同時，除一般美工素材外，需另準備可黏性膠膜（或護貝性膠膜），以保護圖騰、並可回收再利用。

 二、量尺工具

包括：書面繪製使用的30公分米達尺，以及實際丈量運用的捲尺。

30cm 米達尺
（寬度約 3 cm）

三、充實學習區（角）操作的資源

可善加利用幼兒園裡既有的或社區與家庭資源，例如：生日蛋糕的保麗龍盒可以做沙箱，也可以布置漂亮角。

在規劃取材上，所有資源宜考量與幼兒身心發展有關的卡通圖騰、高度、色彩，以滿足幼兒可觸摸、可操作、可探索的視、聽、觸、動、嗅等學習需求，以及從鄉土題材著手，能豐富幼兒生活經驗的各項文圖資料等。不論空間大小，均可將園內既有場域、環境、物力與人力資源加以彙整運用。

凡事豫則立，準備妥當，是展開實務規劃的最佳後盾。

第八章

幼兒學習區（角）情境規劃
的內容

　　依據幼兒在園的課程學習、生活作息與各項學習活動，幼兒學習區（角）情境規劃的內容包括幼兒活動室（教室）內及園區兩部分。

第一節　幼兒活動室（教室）學習區（角）情境規劃的內容

　　幼兒活動室是幼兒每天在園區內主要的室內活動空間。依據幼兒年齡差異與配合幼兒園規劃，幼兒活動室區分為幼幼、小、中、大等班別。

　　幼兒活動室學習區（角）情境規劃的內容包含：教學角、探索角，以及作為門、牆設計與壁飾擺置等項。

　　各項學習區（角）情境規劃的內容，由各班教師就所屬活動室空間大小，依照幼兒認知能力、理解程度、活動能量、生活習慣、學習作息與教學主題分別進行。

　　以下分從教學角、探索角、以及其他規劃等項內容，闡述如後。

一、教學角的規劃內容

　　教學角是引導幼兒進行課綱領域學習的規劃，可依照班級標示的動物或花朵圖騰進行設計。依據幼兒活動流程，具有主角落、分角落與綜合角三部分。各部分包括下列內容：

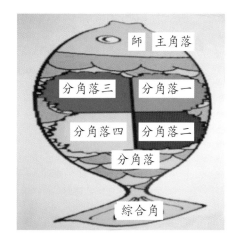

（一）主角落

在每天學習的起步時，呈現由教師或師生共同事先備妥與課程主題相關的學習資源，聚集所有幼兒，進行主題課程說明、教學引導、示範和討論的學習區（角），是教師開展啟發幼兒學習動機的教學時段，具有揭示學習活動序幕的引導作用。

主角落有啟發學習活動、準備學習的教育意涵。其規劃內容為：

1.教師教學引導的教材（包含：指引圖書、示範實物、教具、器物，以及其他教學資源）。

2.幼兒在教學角中進行操作學習的素材（包含：文具、書籍、紙張、實物，以及其他學習資源）。

（二）分角落

　　係利用活動室內的桌、椅或相關設施，讓幼兒在教學角瞭解教師引導與示範後，輪流每日進行不同操作學習的各項角落，是幼兒教師進行學習區（角）教學活動的主體，具有發展學習活動、進行學習的教育意涵。其規劃內容為：

1.**操作桌**：擺置各項學習素材，提供幼兒坐在椅子上進行操作的規劃。

2.**展示椅**：擺置各項學習素材，提供幼兒坐在地板上進行操作的規劃。

　　3.**圖騰區**：參照學習內容，擺置各項學習素材，提供幼兒坐在圖騰內進行操作的規劃。

　　教學角可依照課程主題、配合課綱領域配置，例如：健康角、語文角、認知角、情緒角、科學角、藝術角等劃分，引導幼兒以分組方式，以一週為單位、依照星期，每日輪流操作一至兩個角落。

　　在名稱上，可以分角落一、二、三……，或直接以課綱領域命名，彰顯角落性質與屬性。

（三）綜合角

在分角落的操作學習之後，教師引導幼兒討論團隊成品或個人作業，呈現學習成果，彰顯發表與分享的學習成效，具有經歸納、統整、綜合活動與評價學習的教育意涵。其規劃內容為：

1. **發表作品**：教師指導幼兒彙整在教學角操作的各項作品，分個人獨立完成及團隊合作成品兩類，進行分享發表。

2. **展示椅抬**：提供幼兒發表時坐下或站立使用的設施，可就地取材自活動室內的座椅或相關桌面。

3. **分享圖騰**：可利用卡通帽、指示棒、小披風等輔助器材，讓幼兒感受發表的榮耀與共享的樂趣。

綜合角提供幼兒省思、討論與表達學習的機會，是培育幼兒在團體間發表的膽識與能力，也是孕育幼兒組織思考、接受提問、學習應對的潛在課程。

綜言之，教學角是教師教學引導及幼兒進行課程領域學習的空間，可具體落實課程主題的學習內容，充分發揮幼兒學習區（角）情境規劃的學習重點。

二、探索角的規劃內容

探索角環繞於幼兒活動室內周圍，是延伸、補充或擴展幼兒教學角學習的規劃。依據課綱領域呈現各式活動角，具有加深加廣幼兒學習視野的性質。

探索角顧名思義，取其啟發幼兒主動探索與學習的區角之義；又因為探索角與教學角隨課程主題置換而調整不同，其擺置期程較長，可能一、兩個月，甚至整學期，待新學期伊始再更迭規劃，因此另名為「固定角」。

包含於幼兒活動室內的門、牆設計與壁飾擺置等其他項目，則係具有提示幼兒活動性質與相關學習功能的規劃。

探索角的規劃內容採統整領域不分科別的型態，就領域均衡、適齡適性、實際操作的原則，安排動靜態的個別操作或團隊合作活動的方式，採取小組及個別化的規劃型態，引導幼兒進行獨立或共同學習。呈現學習區（角）情境規劃的內容特色如下：

1. 配合課綱學習領域的主題化特色。
2. 彰顯統整活動意涵的多樣化特色。
3. 依據幼兒學習中心的童趣化特色。

第二節　幼兒園園區情境規劃的內容

　　幼兒園的園區情境，是幼兒活動室（教室）以外的學習場所，也是幼兒與家長入園時，首先接觸的環境，同時更是園所呈現的外觀。這些第一印象，經常是吸引幼兒或家長入園的重要動機之一。因此，往往園區的規劃，被園所列為重點，亦反映出園所的辦園旨趣。

　　許多園所從景觀的角度，設計造型；或是購買現成套裝的遊具，在擺置之間，有時也不免忽略幼兒的活動動線，令人惋惜。把幼兒園從幼兒學習的角度加以教材化、教育化，比把幼兒園從成人（家長）角度看起來漂亮、華麗的公園化、美輪美奐觀點加以規劃，其教育效果對幼兒成長學習助益更大。

　　都會區的幼兒園固然因為寸土寸金，空間難覓，但仍可從除活動室（教室）以外的園區場域加以思考，並善用共同性的園區空間進行規劃。

　　幼兒園園區情境規劃，有別於活動室針對適合幼兒的個別年齡層、或混齡幼兒進行適性與個別安排。廣義的幼兒園園區是指整體幼兒園的範圍，包含各班、各年齡層及具有其他學習機能的圖書、音樂、體能室等。進行幼兒園園區情境規劃時，係指幼兒活動室（教室）以外的空間，也是全園幼兒、教師、家長及其他在園工作人員共同使用的場域。

　　配合幼兒發展與學習所進行的園區情境規劃，通稱大角落學習區（角），包括下列內容：

　　一、具有幼兒活動、親師交流及親職教育功能的家接區和候接室等。家接區通常規劃在園所門口圍牆邊，候接室則多安排於

幼兒園入門前廳、或園區內（如下圖例）。

二、具有銜接與延伸幼兒學習視野的樓梯間和迴廊區。

三、具有公告相關訊息、分享幼兒活動，以及揭示幼兒園各項措施作用的布告欄、親子橋等。

四、具有遊戲性質的玩沙、踩水區等。

五、具有保健與生活探索的各式戶外體能、遊具區，以及種植或飼養的生態區等。在空間許可下、加上園長重視幼兒體能，能規劃提供田徑活動的跑道，以及可刺激大腦前庭與平衡功能的鞦韆。

　　六、其他配合幼兒園發展特色規劃的園區情境，例如：以藝術創園的彩繪壁飾、以注重幼兒體能的泳池設施，以及強調綠意盎然的綠草如茵園區。

　　總之，進行幼兒學習區（角）情境及共同性的園區空間規劃時，規劃內容宜涵括整體幼兒活動與學習空間，在創辦人、校長或園長辦園宗旨，以及主任領導與團隊執行下，由全園教師合作或輪值、或特定教師，以彰顯辦園理念，並配合幼兒園學期作息、幼兒共同學習主題或節慶、或遵照政府的教育宣導進行。

幼兒學習區情境規劃內容

幼兒學習區

活動室／教室 → 教學角（主角落／分角落／綜合角）

　　　　　　　探索角／固定角（各式活動角，如娃娃家、
　　　　　　　巧巧屋）

　　　　　　　壁飾／門／窗／牆面

園區 → 家接（候接）區（室）

　　　　樓梯間、迴廊區

公告區：佈告欄

遊戲區：玩沙、踩水區

戶外體能遊具區（遊具、器材）

生態區（種植、飼養）

第九章

幼兒學習區（角）情境規劃
的技巧

　　就功能性的需求而言，幼兒學習區（角）情境規劃的技巧，是實踐情境規劃的具體要務。依據前述對於幼兒學習區（角）情境規劃的分類，分就幼兒園活動室（教室）以及園區兩向度，分別說明規劃的技巧。

第一節　幼兒活動室（教室）學習區（角）情境規劃的技巧

　　教學角與探索角是幼兒園活動室（教室）內學習區（角）情境規劃的主體，就學習屬性而言，教學角從教師引導、漸進於自我學習，探索角則著重幼兒的主動探索，兩者在空間比例、規劃配置和平面結構的規劃技巧上，各具重點與特色。

一、教學角規劃的技巧

　　教學角是進行區角教學的核心，是幼兒在教師引導下，學習課程主題的區域。在教學角的規劃技巧上，包括：教學角的空間比例、平面繪製與區角造型等項，以下分述各項規劃技巧。

（一）教學角規劃的空間比例

　　依照教學角的活動流程，教學角的規劃比例約占幼兒活動室內整體空間的1/2；依各項教學流程的性質，主角落與綜合角為團體性聚合活動，所需空間較小，各居全部教學角空間之1/4；分角落屬於小組分散式操作活動，所需空間較大，約需全部教學角空間之1/2。

整體教學角的規劃比例為：主角落：分角落：綜合角 ＝ 2：3：1。

（二）教學角規劃的平面圖繪製

就幼兒活動室內整體空間而言，教學角的空間擺置，在左右長寬各縮進1/4處，亦即室內中央正1/2的方形空間內。

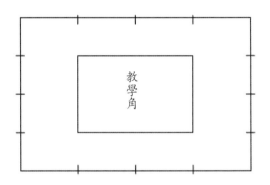

（三）教學角規劃的區角造型

教學角在造型上，係一地面式圖騰，幼兒教師可以配合班級名稱、或引用幼兒喜愛的動物圖案作為設計架構。

在依據學習內容先後，陸續開展幼兒學習活動時，教師可就教學現場幼兒實際需求，進行調整教學角的角落配置；亦可配合幼兒學習活動的性質與室內空間大小，將主角落與綜合角併置，外圍則為提供

幼兒操作的分角落，展現兼融教學角圖騰的結構造型，亦能滿足
幼兒整體性的操作需求。

　　教學角在幼兒進行學習活動後，即將各項區角資源、教材與
教具收拾歸位，所以並不影響室內空間的其他利用。此亦顯示幼
兒學習區（角）情境規劃，更能配合與發揮幼兒活動室（教室）
空間多類、多樣利用的精神。

二、探索角規劃的技巧

探索角是提供幼兒主動探索與延伸學習深度、拓展學習廣度的學習區（角），也是教師培育幼兒經由自發性的學習體驗，強化學習內容、並內化學習成效的角落。探索角可依據課程主題的範疇啟發幼兒類化學習內容，亦可充實幼兒對於課程主題學習的關聯性。

探索角規劃的技巧從空間比例、平面圖配置與區角造型，分述如下：

（一）探索角規劃的空間比例

規劃探索角時，首先需把整體幼兒活動室（教室）的室內空間，以鳥瞰圖透視的角度依照比例畫在方格紙上。

其次，分別量出地面與壁面可加以規劃、利用的空間，例如：窗戶的長寬、櫥櫃的高低，以及門板開關的迴旋空間等，均需因地制宜，加以利用（如下圖例）。

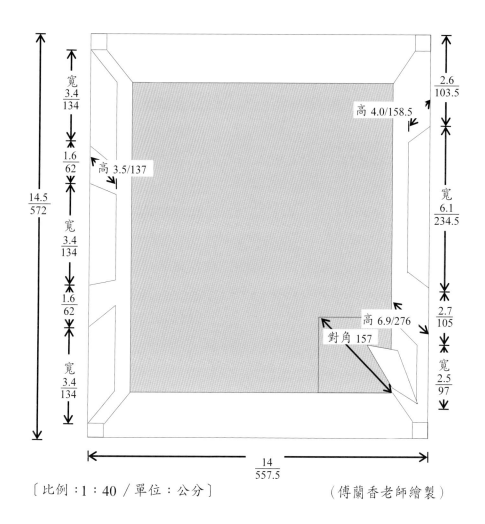

〔比例：1：40／單位：公分〕　　　　　　　（傅蘭香老師繪製）

（二）探索角規劃的平面圖配置

　　進行各項區角平圖配置時，在空間比例上，宜掌握分散於空間內的探索角，其總長以自牆邊量起的1/4室內範圍爲限。各項區角的總間隔，以不超過全長的1/8及全寬的1/3爲主，亦即長與寬的間隔比維持在3：8的黃金分割比例（如下圖例）。

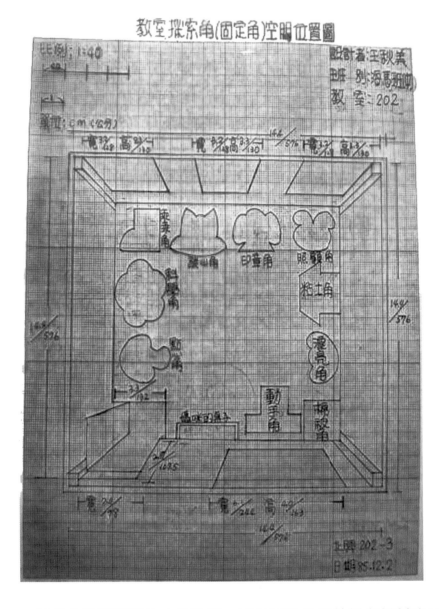

　　探索角整體空間的丈量數據，可以協助幼兒教師在規劃時具有明確的空間概念，熟悉如何調整區角大小，而不致盲目迷思、先入為主的以為需要很大的空間才能規劃幼兒學習區，或是草率的認為反正把東西擺一擺，就是角落學習區了。

（三）探索角規劃的區角造型

掌握空間比例、完成平面圖配置後，緊接著設計探索角的各項區（角）造型（如下圖例）。

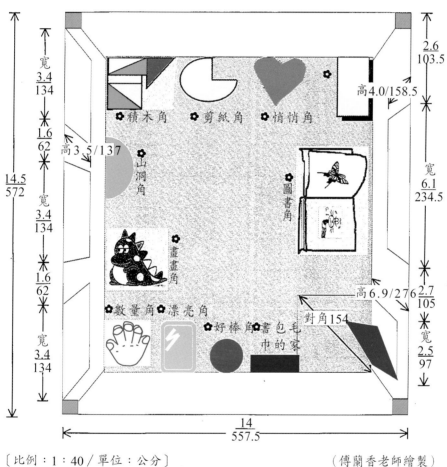

〔比例：1：40／單位：公分〕　　　　　　　（傅蘭香老師繪製）

三、教學角與探索角相輔相成的規劃技巧

　　教學角與探索角是幼兒學習與操作活動的主要區域，壁飾、門、窗與牆面等則具有增強與提示的作用。早期的學習區（角）情境規劃多側重於探索角的配置，較少顧及教學角的設計，致使幼兒在學習區（角）的操作與幼兒日常學習脫節，甚至讓學習區（角）的情境規劃淪爲活動室（教室）陳設的附庸。許多教師誤

以爲只要在室內用櫃子隔出幾個小區域，放上成套的教具或玩具，當教師不教的時候，讓幼兒自己去玩，對學習區的角落規劃與進行區角教學的用意，相當地誤解與忽略。

　　實際上，教學角通常設計在室內空間的中央區，探索角則環繞其外靠牆擺置，教師可配合教學角的領域學習，將欲引導幼兒可由其自發性操弄的素材，透過遊戲、操作的學習型態，規劃與篩選幼兒的探索情境、統整幼兒的學習內容，並輔以非文字的作業單，呈現於各探索角中，發揮教學角透過探索角的延伸與補充作用，達到相輔相成的教育功能（如下圖例）。

〔比例：1：40／單位：公分〕

（楊惠如老師設計）

第二節　幼兒園園區情境規劃的技巧

　　幼兒學習區情境規劃的目的在於透過境教，讓幼兒自然地沉浸其中，朝斯夕斯、耳濡目染，進行主動探索與自發性學習。

　　園區情境規劃除必要的迴廊、階梯等建築上不可或缺的設施與安全考量外，可以儘量留出空間，配合幼兒的生長發展加以規劃設計。

　　就整體園區的規劃技巧而言，可分為：平面式圖像及地面式操作區（角）兩類。兩者各具二維與三度空間的不同功能，在教育意義與影響上也各異其趣。

一、平面式圖像

　　包括彩繪圖騰、標示語，以及貼牆式的立體浮雕等規劃。平面式圖像在技巧上，顯示倚牆設計、懸掛或標記等作用。例如：標記廚房地點、告訴幼兒餐點供應處的「飯飯的家」。

　　常見的平面式圖像，例如：規劃在園壁圍牆上，培養幼兒美感與訓練觸感的「凹凸板」。

　　圖像部分多利用圓柱或牆面進行規劃，其規劃技巧包括下列步驟：

　　（一）思考圖像意涵與功能、規劃圖像大小。

　　（二）編製、彩繪或蒐集、採購、訂製圖像資源。

　　（三）丈量圖像放置地點的長、寬、高等尺寸。

　　（四）放置與張貼圖像，並顧及幼兒動線、考量安全與後續配合幼兒學習或相關活動定期更換等事宜。

　　平面式圖像的園區情境規劃技巧可因功能不同，而更具個別化，在時效上較為彈性，在形態上更能因地制宜，顯現多元和差異化的特質。

　　例如：外牆可以把幼兒作品加上護膜（或膠套）作為「成長畫廊」，或是辨示幼兒容貌與出缺席狀況、規劃鮮明色彩圖框，內貼生動可愛的生活照片，讓幼兒到園插卡的「我來了」班牌。

　　兩扇大門側邊可以展現與預告幼兒和園所活動，是很好的親職溝通板。在幼兒動線頻繁的出、入口，配合幼教政策，以卡通圖騰搭配實物，提示幼兒消防安全與急救認知的「神奇的滅火器」。

 二、地面式操作區（角）

　　地面式操作區（角）需依據幼兒園的空間規劃與動線配置加以設計。其適用對象以全園幼兒為主，具有混齡、共學和通用的功能。

常見的地面式操作區（角）包括：體能遊具區、生態區、生活教育區、以及玩沙戲水區等處，例如：在園區占有極大空間、最受矚目與具有幼兒園特色、讓幼兒能盡情伸展體能、達到健康活動的各式大型遊具都是。

又如：沙坑可以是裝生日蛋糕的保麗龍盒；地面上的稻草人形在跳房子中也是體能教育；窗檯上布丁的透明盒可以種豆，加蓋的果凍盒上端打幾個透氣孔，可以是蠶寶寶的家；盆栽上的愛心認養牌除可培育孩子的責任感外，也是自然觀察；配合入廁與教室門壁，生活教育無所不在；低矮邊牆、高及足踝的清洗區可以滿足踩水的嬉趣；可以赤腳、可以坐躺、可以滾翻的、具有生命力的綠草皮是童年仙境⋯⋯。

園區地面式操作區（角）通常採用外包、專業製作方式，再輔以學習情境規劃的區（角）標示，以及擺置幼兒相關操作與體驗的器材和資源。其規劃技巧包括下列步驟：

（一）確立選擇的操作區，依據幼兒每次使用容量與頻率規劃藍圖。

（二）洽談製作廠商或進行自製，從童趣、安全、生動有趣與教育性，進行規劃製作。

（三）配置相關角落牌、標題字與操作物，吸引幼兒體驗與利用。

（四）注意配合幼兒成長與課程學習，定期與適度調整，並考量後續清潔與維修事宜，保持最佳操作與安全狀態。

園區情境規劃除室外地區，也包括室內除幼兒活動室以外，提供全園師生、職員工，以及家長來園、相互接觸、行走、動線等共同空間。

　　走在園區路上，出與入的雙向腳印，可以配合幼兒耳熟能詳的律動，一路吟唱跳躍。要儘量留出空地來種植青翠的綠地，可以讓幼兒打赤腳，可以讓幼兒翻滾；即使沒有可以奔逐的廣闊空間，也要從園區的動線規劃著手需要提供。如果我們希望幼兒動靜分明，就更需要可讓幼兒施展大肌肉、可以跑、叫、發洩充沛精力的空間。

　　園不在大小，用心為要。園區是幼兒境教的起步，園區情境規劃的功效並不亞於室內的教學活動。認真用心的創辦人和園長都知道，空間不是問題，靈活運用規劃的巧思才是最大的關鍵。

　　秉持正確而清楚的幼教理念，善加規劃園區，讓幼兒與家長從外緣的牆飾，就能感受到教育的氣息與氛圍。能基於教育的觀點，呈現幼兒學習過程的童趣與豐富性，遠比華麗炫目的裝潢可愛可貴。胸懷幼兒、放眼園區，時間不是理由、空間不是藉口，動手規劃園區吧！

第十章

幼兒學習區（角）情境規劃
的案例

從幼兒整體學習區（角）情境規劃的意涵，分別呈現幼兒活動室（教室）內，以及幼兒園區情境規劃兩類案例。

　　各項學習區（角）情境規劃案例分別闡述如下。

第一節　幼兒活動室（教室）學習區（角）情境規劃的案例

　　教學角與探索角是幼兒活動室（教室）內學習區（角）情境規劃的要項，兩者相互為用、相得益彰，共同具有促進幼兒學習成效的教育意義與功能。

 ## 一、教學角規劃的案例

　　依照幼兒學習流程的步驟，教學角內的規劃案例，分別包括：具有引起動機作用的主角落、發展各項學習活動的分角落、以及呈現學習成果與分享學習經驗的綜合角等型態。

（一）主角落規劃的案例

　　主角落是區角教學活動的第一部分，具有團體活動的型態，在教學流程中屬於學習初探的場域。主角落也是啟發幼兒學習的起點，符合幼兒發展、生動有趣的規劃尤為激發幼兒持續萌生學習動機的要素。

　　主角落通常包含引起動機與角落介紹兩項主題。就師生互動性而言，主角落由於引導性高，教師介

入的比例亦相對提高。

　　主角落通常擺置在臨近幼兒活動室（教室）白板處，由於係居學習活動的第一個流程，教師或許必須借重板書，因此就教學的便利性考慮，主角落亦經常與放置白板或其他可寫可畫的板、牌、圖、卡等教學資源比鄰。

　　師生位置與互動型態為規劃主角落的重點。在規劃主角落時，首先必須確立師生相互間的落點與座位，以及視線水平接觸的高低線。一般說來，教師的身高是決定是否需要坐在椅子上或地板上的主要考量。為促進師生互動與利於學習指導，教師宜降低身高或座位高度與幼兒談話，並適切調整師生相對性的落點，以維持在幼兒學習過程中，師生間經常性的、不間斷的視線接觸。

　　進行主角落的引起動機活動時，以教師為核心點，幼兒可呈半弧形環繞，第一排坐地板，第二排坐小椅子，或採直線間隔交錯的方式；如以幅射或半角錐型的方式，則係採幼兒由近而遠逐漸遞增的坐法（見下圖例）。

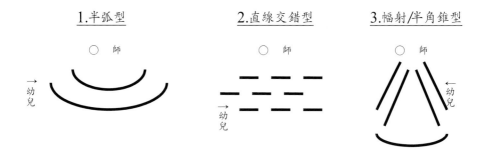

　　進行區角介紹時，隱藏式係將教學角的操作物品置於教師身後，猜謎式加上推測遊戲，一如前者，都是逐步呈現；至於揭露式與顯現式相同，係置於師生之間，讓幼兒一目了然，再由教師逐一解說（見下圖例）。

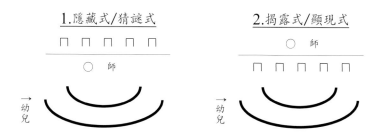

（二）分角落規劃的案例

　　分角落接著在主角落之後，進行說明與分配幼兒進入區角的順序，並由幼兒探索與操作活動時，啓動學習的步伐。

　　分角落的規劃可就課程主題的學習內涵，依據幼兒教育課綱所揭示的：身體動作（健康）、語文（語言）、認知、社會、科學、情緒、美感（藝術）等領域進行規劃。在強調統整性課程的前提下，以遊戲與音樂的方式，串連與啓發幼兒整體性的學習活動。

　　分角落可依照幼兒每週區角學習的日數或次數規劃，讓幼兒能充分操作與探索每一區角的學習內容和活動；或引導幼兒每天進行一個區角的遊戲學習，一週沉浸四天（如：星期一、二、三、四），另留一天進行充實性或補償性的興趣課程，或輔以其他藝能學習。

　　由於分角落操作是教學角的活動主體，其配置的空間通常為主角落或綜合角的兩倍。在區角規劃上，分角落可利用呼拉圈、地墊、或教學角圖騰本身的線條進行標示；或利用幼兒桌椅擺置，劃分出不同的區角，並放置與課程主題相關的各項學習資源（如下圖例）。

　　分角落的結構型態可以是聚集式的，亦可配合教學角的整體圖騰呈分散狀。為因應活動室（教室）空間大小，在幼兒操作設計上，可以採內向式或外向式兩種型態。內向式為較大空間的配置，外向式則為小空間，需借助外圍環境，甚至延及於探索角的空間利用（如下圖例）。

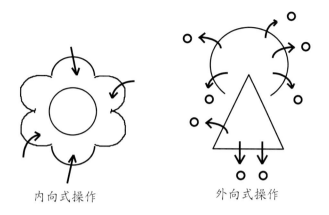

內向式操作　　　　　　外向式操作

　　分角落在規劃時，宜把握幼兒獨立或與人合作學習的原則，除可依幼兒操作內容，彈性調整幼兒的活動空間外，亦需注意配合學習主題的性質，必要時延及探索角或戶外。換言之，教學角裡雖有分角落的配位，但幼兒在操作與探索時，卻未必侷限於既定的區角空間內。幼兒教師務需掌握區角學習與啓發教育的精神，引導幼兒沉浸區角，激發主動探索、行以求知的興趣，並能踏實領悟、滿足求知地快樂學習。

　　（三）綜合角規劃的案例

　　綜合角活動在於透過分享、發表、討論等方式，讓幼兒回顧與共同欣賞在分角落所操作學習的內容和完成的作品；同時也培育幼兒具有在大眾面前口語表達的勇氣與能力，間接孕育包容與接納的群性特質；對未發表的幼兒也能藉機順勢引導提問題、發現問題的正向學習習慣。

　　規劃綜合角時，首先要有一處醒目的焦點，可以作爲提供展示、發表的幼兒站立或坐著的地方。其次，爲配合童趣、誘導幼兒參與動機，使報告的幼兒能有與眾不同的榮耀，教師可以設計

一項「桂冠」（顯示榮耀的帽子），讓發表的幼兒戴著，顯現出神采奕奕地介紹與說明得意的佳作。例如：有些教師會設計一頂學士帽、外加一根指揮棒，還有披風，以及放作品的畫架，當幼兒說得意興風發時，自信與快樂的神采也充分流露。

在空間上，需注意發表者與聆聽者間視線的接觸點和高度，以及幼兒傾聽時的座位配置。說與聽之間的方向與角度，可有馬蹄型、半圓型、直線型與橫式交錯型等方式（如下圖例）。

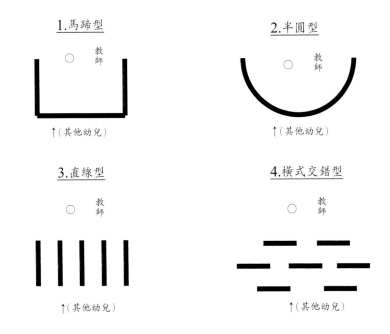

上述各類型的特質是：馬蹄型適合人多且為大空間的活動室（教室）。半圓型的人數較少，但仍與馬蹄型需要共同注意避免師生直線距離過長，所造成的疏離感。直線型人數不可太多，以免後半部幼兒動線延伸過長，不能凝聚幼兒的專注力與視線。橫式交錯型能匯聚幼兒集中注意力的習慣，也是師生互動線最短的距離。

教師在綜合角是引導與從旁協助者的輔助角色，讓孩子在綜合角發揮主角的氣勢與動能，藉由同儕互動、融合整體學習回顧，亦展現區角學習深具多元性的教育風貌。

綜合角具有團體討論的精神，幼兒教師若能善用地形地物，必將是統整幼兒學習、培育情緒商數（EQ）的最佳途徑。

 二、探索角規劃的案例

探索角規劃的區角造型是以呈現角落性質與童趣為特色，強調簡明、清晰；各項動線也是各項區角容易辨識的區分線，以彰顯區角規劃揚棄採用櫥櫃區隔、具體落實幼兒期開放學習的蘊義。

探索角內包括：通用的學習區（角）規劃與依據課綱領域規劃的學習區（角）實例兩項。

以下闡述幼兒園通用的時間角、圖書角、觀察角、娃娃家與塗鴉角等區角規劃；其次列舉依據幼兒園現行課綱領域，所規劃的各項探索角實作案例。

（一）通用的學習區（角）規劃案例

1.時間角的規劃

　　幼兒活動室（教室）中通常會擺放日曆，指導幼兒認識星期也是師生每天問候的一部分。如何讓日曆不只是一天撕去一頁，並且讓幼兒能對時間建立基本的、清楚的概念，是家長與教師們共同關心的重點。

　　例圖一是以一本日曆為主的設計，除了日期、星期的明顯標示外，利用日曆外掀式的紅色外殼，製作成晴雨表，讓幼兒在觀察天氣後，能配對出適當圖形。日曆本下面是教師設計的插袋卡與盛放數字的浮貼紙袋，幼兒可以依照日曆的顯示，對照插出當天的日期和星期。

例圖一

　　例圖二是經師生討論後，再由幼兒放上日期與星期卡。比較別緻的是下頭的天氣卡，除了放天氣圖，也可以配上文字。

例圖二

　　例圖三是一個真實的鐘和一個模擬的玩具鐘，當真實的鐘走到任何一個時間點時，幼兒都能模仿著，把當時的時刻，在模擬的玩具鐘上，撥轉到相同的指針位置。從全部操作過程中，幼兒也建立了對數序的基本概念。

例圖三

　　時間角規劃在教室外牆，幼兒一入園，就能醒目的被吸引了。

2.圖書角的規劃

3.觀察角的規劃

4.娃娃家的規劃

5.塗鴉角的規劃

塗鴉是幼兒隨手、隨興繪畫的代名詞，也是利用幼兒手腕小肌肉與肩臂大肌肉的共同動作。塗鴉角的規劃，充分展現配合幼兒發展的用心。

在塗鴉的過程裡，幼兒能寄託幻想、發揮創意與紓發情緒。在被允許，以及規劃的範圍裡，可以隨心所欲地揮灑，讓幼兒有小小的解放與自由感，所顯現出恣意的快樂，尤其令人羨慕。

幼兒教師只要尋得一處平坦的白牆壁，或是在傳統式高高的黑板下壁，鋪上一層透明膠布，再貼上全開的淺色道林紙，就能讓幼兒輕鬆坐下，拿起畫筆，天南地北的遨遊彩色世界了。

塗鴉角的規劃具有引領幼兒遵守規矩的潛在教育，在被同意能任意揮灑的空間裡盡情塗鴉，也養成幼兒不隨意亂塗鴨、隨興彩畫的習慣。在幼兒園和家庭中都能規劃塗鴉角，讓幼兒沉浸幻想中、並滿足動手塗抹的需求。

例圖四是在黑板下方，用金色的彩色邊紙，圍成一處塗鴉角，在塗畫紙內層，為求紙面平順，先於塑膠布與畫紙間先墊上5至6層報紙；塑膠布在最底層，可以維持壁面原有漆色，同時也利於畫紙的重複撕貼。從圖面上可以發現，幼兒正在塗鴉以及和友伴商量的情形。

例圖四

例圖五

例圖六

　　例圖五在教室後壁揭示板下方，沿著揭示板下緣，貼出一處塗鴉角，對稱於上方的大型彩色壁畫，塗鴉角似有延伸與輝映的作用，幼兒置身其中盡情塗鴉，也有跳進畫裡的感覺。

　　例圖六是在黑板左下側，從壁面沿伸到牆角，貼成一處塗鴉角，右側小櫃以開放式呈現的型態，擺置幼兒常用的各式畫筆，讓幼兒可以信手隨筆塗鴉。有時候為與地面作一區分，也可鋪上地墊，增加幼兒或坐、或跪的舒適感。

（二）依據課綱領域規劃的學習區（角）案例

　　綜合各項課綱領域，統整身體動作（健康）、語文（語言）、認知、社會、科學、情緒、美感（藝術）等領域，以及與其他探索角的各項區角規劃實例如下：

1.身體動作（健康）領域的探索角規劃

2.語文（語言）領域的探索角規劃

3.認知領域的探索角規劃

4.社會領域的探索角規劃

5.科學領域的探索角規劃

6.情緒領域的探索角規劃

7.美感（藝術）領域的探索角規劃

8.其他探索角的規劃

三、兼融教學角與探索角的整體規劃案例

第二節　幼兒園園區情境規劃的案例

　　幼兒園園區（角）情境規劃具有融合大學習區與混齡學習的樣貌，是吸引幼兒入園的第一印象，以幼兒爲中心，靈活運用巧思、動手實際做是實現情境規劃的妙策。幼兒園園區（角）情境能表現童趣與豐富熱鬧的氛圍，讓幼兒從園區的一草一木濡染境教、充實學習，是幼兒園園區（角）情境規劃的重要目標。

　　有關幼兒園園區（角）情境規劃的案例包括：常見的家接區、布告區、戶外體能與遊具區、生態區、踩水區、生活教育區，以及其他與幼兒成長和學習活動相關的學習區（角）情境規劃等。

 一、家接區規劃的案例

　　家接區，顧名思義是家長接送幼兒、同時也是幼兒園接待家長的地方。除辦公室外，家接區能發揮親職教育的功能，是教師與家長接觸的橋梁，亦是親子與師生互動的場所。

　　家接區在鄉間可以是榕樹下，在都市裡可以是辦公室一處半圓形的原木地板。

　　有些幼兒園為顧及家長交通工具停放的便利性，除下雨或寒天外，常把家長接送處移到園門口附近。若逢家長提早來接，或逾時讓幼兒等候或與家長溝通時，則園內另闢一隅作為家接區。

　　近門處的家接區，除了盆栽景觀外，係透過布告壁飾的型態加以規劃，壁飾下緣吊掛幼兒作品，在井然有序與整齊清潔之外，更兼顧家長近距離的視線高度，以及幼兒可以遠觀的景窗，正不斷散播其無形間與自然化的教育功能。

　　家接區的資源可以是園所的親職期刊、幼兒的活動報導與學習成果展示、園所動態或其他有關親職與教養書報等。幼兒園尚可向各地區相關的家庭教育中心索取各項親職教育資訊，或與其規劃活動相互搭配。

　　入園後的家接區設在行政辦公室外，有候接的椅子，最令人注目的是櫃內與架上的書報期刊，供家長自由取閱；在開架式易取易放的存取間，吸引家長親職教養的貼切題材，在等待的零碎時間裡，適時排遣與善用機會教育。

　　家接區是接觸家長最頻繁的地方，也是值得幼兒園重視的情境外觀，攸關到園的第一印象。除園區建物的整體美觀外，能以自然的情境教育方式、兼融幼兒教育的陳設與擺置，吸引家長注目與駐足，是幼兒園園區情境規劃透過境教、具體落實親職教育的最大功能！

　　教育是涓滴以成的扎根努力，在幼兒教育的耕耘中，家長的成長是園所的助力，家接區更有著小兵立大功、不容忽視的影響力。

二、布告區規劃的案例

　　布告區是幼兒園傳遞經常性訊息的媒介和網絡，可以是一處看板、一張餐點表圖示或一串連貫性的生動漫畫、或是展示幼兒活動的系列性照片。

　　除木製看板外、壓克力材質、磁鐵板或易於取貼的絨布板，都是布告區規劃可用的素材。布告區也可以是牆上一處溫馨的「愛的小憩」，凸顯親職教育的暖意。

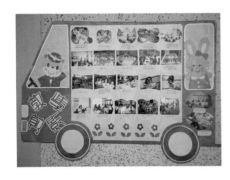

　　幼兒園的布告區依對象而有不同的內容、型態、功能、地點與高度。

　　為幼兒設置的布告區，具有一般性教育作用的，常設在園區幼兒出入最頻繁的動線帶，如走廊或樓梯間，需注意幼兒視線高度與圖騰，以圖大字小的型態，用生動的線條，以幼兒喜愛的卡通人物為主角，放在幼兒可以平視的高度，傳遞有關安全（如：

輕輕走、慢慢走）、常規（輕聲細語）、或認知（如：認識標語牌上的字）等教育訊息。例如：爲幼兒每日練習識字的揭示板，在端正清楚的線條中，讓幼兒領悟字體與偏旁的分解組合，亦建立幼兒對字型的架構與概念。

　　爲教師設計的布告區，是提示教學與園務工作的備忘和紀錄，常設於教師辦公或休息處，以著重行政與教學聯繫，或教學研討及各項輪值工作爲主。人性化的園所，不忘經常揭露感謝教師辛勞、爲教師打氣的圖騰與標示。例如：透過外圍可愛的臉譜圖，爲教師設計的通知布告欄，是提醒教師的角色職分，也使所陳示的值勤表增加許多自律性。

　　爲家長設計的布告區要注意內容與事項，除在家接區外，也利用幼兒園門牆或另置小型看板的型態，以醒目的標題、鮮明的色彩，立於家長進出處，傳遞家

長相關訊息。其內容包括幼兒學習、親職
活動、教育新知等，不一而足。例如：屬
於家長成長課程與聚會活動通告，在繽紛
色彩的襯托下，精簡的文字訊息，益顯醒
目；在素色的門牆上，靜默而工整的向家
長傳遞資訊。布告區之可用與為用，大矣
哉！

 三、戶外體能與遊具區規劃的案例

　　為協助幼兒體能發展與遊憩需求，並彰顯其幼教機構的特
質，幼兒園通常設有戶外體能遊具區，內設各項體能及遊戲器材
與相關設備。

　　體能遊具區的各項規劃，其功能固因園所對幼兒活動性的考
量各異，其器材規格大小與
材質更因幼兒園的經費狀況
不同而各具規模。然其共同
一致而不可或缺的結構裝置
與基本安全考量，實為最重
要的前提與共識。若為求便
利性，必須藉助現成器材，
在選用材質與地點安置上尤
需甚加選擇與處理，例如：
具有芬多精的木質遊具，更
較漆質鐵材更適合幼兒；天
然草皮會比人工地板讓孩子
更多機會接觸大自然。

　　在具有遮陽網罩的體能遊具區下爬上爬下，讓幼兒不致受日晒雨淋，能更舒服、盡情地滿足發展體能的興致。例圖中，遮蔭下的涼意，吸引幼兒駐足嬉玩，迴廊遊區綠意與標示裡，也充滿了對幼兒教育的用心。

　　各項體能遊具固能有助於幼兒體能與身心發展，然則幼兒園也未必需設有各項單式或套裝的現成遊具，方足以助益幼兒成長。若能另以幼童軍山野體能教育就地取材、資源利用的觀點進行思考，從取法幼童軍體能活動

的自然化設施著手，當不致迷信於套裝遊具的占地或不貲耗費，反而能以更寬廣的空間提供幼兒施展與滿足其體能發展需求。

例如：小木樁迷宮可以從木材行鋸下的木塊取得，用粗厚的童軍繩索可以繫成攀爬網，厚平的長條板可以充作滑梯的溜板，簡易的網架可以是踢球的門網，低矮的柱上橫楣能作雙手上舉

前行練習腕力的拉條，地上行走的路可以有跳躍的腳印或單車踩行的路徑……。從上、下肢、軀幹，以至於大小肌肉與視動知覺的發展與協調性思考，體能遊具的設施、器材與規劃利用，其實可以多元多重而無限寬廣。

四、生態區規劃的案例

生態區是幼兒體驗自然與生命的活教材。在學前階段，從生態區學習過程中的發現與探索，能讓幼兒體會生命的發生、消長、再製等系列而循環的規律性，是引導幼兒領悟生命教育最常態與最深刻的體驗。

生態區通常包括動物飼養與植物栽培兩類活動。動物飼養小如：蠶寶寶、蝸牛、蝌蚪、金魚、小鳥等體積較小的動物，大如：小雞、小鴨、小貓、小狗、小綿羊、小鵝、小白兔……等家禽；植物栽培則包括種豆（紅豆、綠豆、黃豆）、空心菜、青菜、花生與茼蒿……等項。對幼兒而言，生態教育的意義過程重於結果，生態區的栽種與觀察，意不在收成，而在成長過程的發現與體會。

　　規劃生態區毋需大片空地，門前花圃間隙、溝渠旁的泥土地、陽台、牆角、路邊、膠盒、空玻璃瓶、水族館裡的採集箱、附放大鏡盒蓋的觀察瓶，都可以充分利用。至於小家禽的飼養，則可由幼兒園視空間，採輪流或交錯飼養方式，並可利用假日讓幼兒輪流帶回家照顧，配合日常生活，從環境中選取資源。融入生態區的引導學習，更能彰顯幼兒認知學習的豐富與生動意涵。

　　例如：在幼兒園的生態飼養區，白色素潔的小屋，透過網狀紗窗的透氣和小門洞的飼養，可以觀察小白兔安靜的啃食高麗菜與胡蘿蔔的勤快；只要區隔良好，屋內可另有一處雞窩，小雞喳喳的擁在母親身旁；也可以另有一個蓄水小池，小水鴨快樂的聒游其中。從生意盎然中，可讓幼兒的純稚心靈，感受生命的奧妙。

　　再如：大瓦盆裡的金魚世界，一盆金魚和一畦綠葉天門多，碗狀似的陶甕，下底放上小細白石、七分清水、一撮水草，曼妙婀娜的金魚梭遊於上，可愛的金魚家在幼兒的驚呼與指指點點中於焉完成。

　　植物栽培是生態區讓孩子體驗種植、觀察植物生長的種植區，可以利用小小盆栽種植、可以另闢班級專區、也可以利用園區角落的豆棚瓜架……，都深富教育意義。

　　足見，生態區有幼兒取之不竭的生命教材，能啓發幼兒珍惜與感恩的情懷。

五、玩沙／踩水區規劃的案例

　　沙與水都是幼兒操作學習的天然至寶，玩沙與踩水都是培養幼兒敏銳觸感的途徑，以及提供幼兒小肌肉靈活度與創意造型的最佳體驗；不僅因為沙和水的流動性與質感，讓幼兒感受輕柔的互動，其實幼兒也在掌握與潑灑、觸踩中鍛鍊大小肌肉的活動力與滿足同儕共嬉共樂的情趣。不論是玩沙或潑／踩水，幼兒的盡情盡性，常讓童稚的歡笑聲洋溢園區。

　　沙坑與水區的安全和衛生，需列為園區規劃的首務。傳統上大面積的玩沙區，因為整理費時與占地的因素，已漸為小面積的沙坑取代。沙坑的素材包括長形塑膠盒／箱、圓形保麗龍盒、塑膠臉盆或其他耐水易洗的容器均可。幼兒所玩的沙，由白沙、細黃沙、黑沙到小碎／細石或米、穀類都有。只要門前或牆角一隅，都能讓幼兒開心的玩。例如：具有較大戶外空間的玩沙區，低矮的白色柵欄內，鋪滿小丘般的黃色細沙，幼兒可以置身其中，在遮陽傘庇護下，忘情一午的堆沙砌堡之夢。

　　此外，也可以善用止滑的土地或簡易的塑膠盆，讓孩子樂在其中。例如：幼兒園門牆邊地上的玩沙區，利用小浴盆，裝上小白細石，或裝倒或揉搓，足令幼兒玩得不亦樂乎。

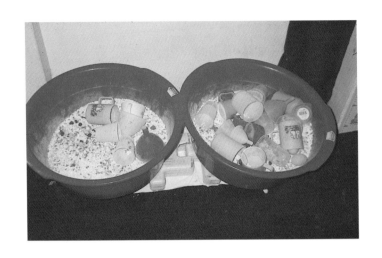

　　若為善用空間與利用資源，也可在塗鴉牆前的室內迴廊與動線間擺置玩沙區，沙坑內盛放的內容物是碾米後廢棄的白殼，能兼顧室內空氣與整潔維護，是都會裡小空間的幼兒園常用的案例。

　　踩水區通常設計在低淺的防滑地板上，及踝的擋水牆，幼兒在輕易跨越中，瞬間體會乾溼的觸感比較。儘管水淺牆低，幼兒仍不忘潑灑的樂趣。

惟因顧及幼兒的感溫與抗
體，為免幼兒因接觸水、玩水弄
濕身體而著涼，除非園所戶外空
間許可，加以向陽天氣眷顧，一
般幼兒園通常較少設計踩水區。
不過，幼兒教師卻可提醒父母善
用家中浴盆，或仍可滿足幼兒潑
或踩水之樂。

六、生活教育區規劃的案例

生活教育是學前階段的教育主軸，以其無所不在、且處處是
機會教育而值得善加把握，因此在學習區（角）情境規劃中益顯
其必要。

由於生活教育內涵的多元性，生活教育區的多樣化、隨機
性、多重與分散型態亦有別於其他學習區（角）的集中性；加以
幼兒學習的活潑性和具體化行為特質，幼兒生活教育區尤需透過
具體物，以培養幼兒具有適應生活的良好行為為目標，明確地讓
幼兒從日常的自然行為中，配合幼兒參與各項學習活動裡，習得
正向的生活規範與知能。

　　園區的生活教育區從幼兒園整體的教育性著眼，各項規劃的案例包括幼兒入園後的戶內外活動：進餐、行走、入廁、洗手、睡眠、摺被、物品使用、歸位、整理與清潔習慣等項，規劃不同類型的學習區（角），例如：養成物歸原處的整理角、放置被單的棉被窩、進食的餐點角等，都具有生活教育的涵義。

　　至於重視幼兒生活教育的園所，在進入廁所前的提醒換鞋圖示、洗手檯前附貼洗手順序與刷牙步驟等，處處可讓家長感受看似平常卻影響深遠的細膩。例如：園區洗手檯的規劃，由於教師們強調遊戲後洗手進入活動室（教室），所以在體能遊具區附近擺置洗手設施，壁上可愛的圖飾正成為生動的搭配。

　　此外，生活教育中的整潔與美感，也可從園區的窗明几淨與井然有序中讓幼兒耳濡目染。

　　把生活教育區規劃的要項，配合學習主題的生活角，幼兒從提示的具體物中，觀察與學習在探索課程中的生活教育內容；學習區（角）中所置放的操作物，也讓幼兒透過角色扮演的模擬，潛移默化地內化為生活教育的紀律。

　　生活教育區的啟示性，猶可藉助學習主題的強化與提醒，達到事半功倍的效果。例如：幼兒教師每日晨檢後指導手帕與衛生紙的正確使用法，示範與操作演練之後，也有加乘的功能。

　　總之，教育即生活，規劃幼兒生活教育區是幼兒教育的行為化，也是幼兒教育的生活化；透過對於生活教育的重視，讓幼兒園的生活教育學習區具體而豐富的付諸實現！

七、其他與園區活動相關規劃的案例

　　幼兒園的園區情境規劃展現以幼兒爲中心的多元樣態，在能充分發揮幼兒潛在課程的情境教育中，走道、廁所、樓梯、教室外牆、鞋櫃與班級門口，也都是配合幼兒在園作息與活動，能善加規劃的學習區（角）。

　　試舉各項規劃的案例如下：

（一）走道區規劃的案例

　　走道上別緻的觀察窗，是家長關心孩子課室動態、且不影響孩子學習活動的媒介。

（二）入廁區規劃的案例

師生入廁區的規劃，是除了整齊清潔、出名其境外的巧思。

（三）樓梯區規劃的案例

上下出入的樓梯與梯間，也是展現園區情境規劃別出心裁的
吸睛重點。

（四）教室外牆區規劃的案例

　　教室外牆連結走道，是孩子入班前必經之地，有如班級的揭示板，在適合孩子視線高度裡，能展現班級風格與孩子的工作成品。

（五）鞋櫃區規劃的案例

　　擺置每天到園所穿著的鞋、替換入班的室內鞋，是孩子生活教育的要項。經由圖騰規劃的提示與空間，日積月累地教導孩子遵守規矩與整潔排放的團體紀律。

（六） 班級門區規劃的案例

孩子每天出入的班級門口，在創意與巧思下，可以規劃為代表班級的圖騰，讓孩子朝斯夕斯、望圖生義，知道自己的班級名稱和特質，讓自己產生歸屬感。

　　細膩的教師會再把圖騰規劃成插袋卡，讓孩子到班時插上附有自己照片的名牌，當作簽到的手續，也是幼兒園和家長能一目了然孩子出席狀況的標示。

　　班級門區還可以作為提示孩子學習的數學角，顯著的數字，讓孩子知道自己在班級裡的編號，也是孩子練習與熟悉數序的簡要途徑。

　　加上「好寶寶」的增強效果，益使班級門區規劃發揮鼓勵的功能，讓孩子在彼此的優秀表現裡，相互欣賞與觀摩學習。

用心教學的教師，同時規劃結合班級大門、班牌和課程主題，讓班級門區發揮多元學習的具體功能。

（七）園區整體情境規劃的案例

　　充滿綠意與童趣的幼兒園區，是發揮幼兒體能教育的起步，能奠定幼兒身心健全發展的基礎。

　　用心思考、細心觀察與精心規劃，幼兒園學習區（角）情境規劃的巧思及多元功能的案例，將會層出不窮、日積月累地讓幼兒濡染在適性與快樂的學習樂園裡！

第十一章

幼兒學習區（角）情境規劃
在主題課程設計與教學活動的實踐

　　幼兒學習區（角）情境規劃基於沈浸式的學習原理，形塑濡染境教的學習氛圍，有助於幼兒建立學習準備度與複習性。

　　本章以實作圖例，依序呈現幼兒學習區（角）情境規劃，在主題課程設計教學實施上的各項具體案例。

第一節　幼兒學習區（角）情境規劃在主題課程設計的實踐

　　為彰顯主題課程學習領域的活動蘊義，幼兒學習區（角）情境規劃通常由班牌圖騰起步，引導幼兒由認識老師到理解班級、班名的認知與歸屬，進而提示遊戲與快樂學習的照片，漸進融入多彩繽紛的天地。

 一、統整性的主題課程設計

透過巧思，利用壁飾空間，以鮮明亮麗的圖案，讓幼兒一目了然地濡染在主題課程的學習範圍裡，有條理地進行統整性的學習，開啟自發性探索的動機。

 二、依照月份為單元核心的主題課程設計

分別以每個月進行主題課程的領域教學，以單元為核心、週期性與系列性地落實統整性學習活動，並綜合採用形成性與總結性的學習評量，達成有效及省思教學的目標。

謹舉二至七月份為單元核心的主題課程設計案例，如下：

（一）二月份遊戲主題的課程設計

（二）三月份遊戲主題的課程設計

（三）四月份遊戲主題的課程設計

（四）五月份遊戲主題的課程設計

（五）六月份遊戲主題的課程設計

（六）七月份遊戲主題的課程設計

第二節 幼兒學習區（角）情境規劃在主題課程教學活動的實踐

從課程規劃起步，包括：兼容幼兒活動室內的教學角與探索角、以及園區整體情境，都是幼兒學習區（角）情境規劃在主題課程的教學實施上，可以善加利用與發揮的場域。

以下分從幼兒學習區（角）情境在主題課程的教學實施歷程、教學活動，以及幼兒各項統整學習實錄等項，呈現主題課程的在學習區（角）教學上的實踐案例。

（一）幼兒學習區（角）情境在主題課程的教學實施歷程

1.小幼班空氣主題課程區角教學實施歷程

附件一

 評量記錄表

小幼班

教學主題：和空氣玩遊戲			教學單元：空氣在哪裡？		實施日期：97/8/11-97/8/15					
教學目標： 1.認知：建立空氣存在的概念。 2.技能：能從活動中，體驗空氣的存在。 3.情意：樂於參與玩空氣的活動。										

領域	目標	內容		方法	評量					備註
		項目	材料		5	4	3	2	1	
健康領域	1 2	a.抓空氣	塑膠袋	能用塑膠帶抓空氣						
	1	b.風兒吹啊吹	乒乓球	能用嘴巴吹動乒乓球						
語文領域	1	a.兒歌唸唱	海報	會唸唱兒歌						
	1 3	b.小紅球流浪去	繪本	能描述大概故事內容						
常識領域	1 2	a.氣球飛呀飛	打氣筒 氣球	知道氣球是靠空氣而飛動						
	3	c.咕嚕咕嚕吹空氣	吸管 杯子 竹筷	知道吸管吹氣會冒泡是因為有空氣						
工作領域	2	a.空氣槍	紙團 大吸管	能將紙團吹出						

（資料來源：潛能幼兒園）

潛能 聰慧方案 SMART PROJECT 評量記錄表

__小幼班__

教學主題：和空氣玩遊戲	教學單元：空氣遊戲	實施日期：97/8/18-8/22

教學目標：
4.認知：瞭解空氣的特性，浮力、壓力、風力、擴散力
5.技能：會操作實驗教材，探索空氣的浮力、壓力、風力、擴散力
6.情意：願意嘗試各種不同實驗方式

領域	目標	內容 項目	內容 材料	方法	5	4	3	2	1	備註
健康領域	1-2 2-2	b.拍球樂	球	能用手拍球						
健康領域	2-3	c.小飛俠	皺紋紙	能拿紙條平穩跑步						
語文領域	1-3 2-3	a.吹字比賽	乒乓球 字卡	能對應空氣兩字						
語文領域	1-3	b.紅氣球	繪本	看圖說話						
常識領域	2-3	b.空氣的味道	香水 塑膠袋	知道香味可借由空氣擴散						
常識領域	2-2	c.自由落體	紙張 迴紋針	使用紙條，讓幼兒玩自由落體						
工作領域	1-3	a.七彩泡泡畫	吸管紙、顏料肥皂水	能將泡泡吹在紙上做畫						
工作領域	1-2	b.蛇紙轉轉轉	彩色筆 圖畫紙 線	能在紙上塗鴉自己喜歡的色彩，體驗風的轉動						

（資料來源：潛能幼兒園）

2.中大班聰慧方案主題課程區角教學實施歷程

附件二

主題名稱：嗨！你好	進行週次：第二週(2/7)
課程焦點：培養喜愛上學的態度	

教學目標	認知：熟悉學校的環境、生活作息 情意：培養喜歡上學的情緒 技能：能找出上學要使用到的物品
活動內容	1.校園大探險：製作藏寶圖，讓幼兒在校園裡尋寶。 2.上學的一天：練習用圖卡正確排出上學的作息表。 3.手指蓋印：利用手指沾印泥蓋印。 4.我的朋友：能依圖卡說出好朋友正在做什麼。

主角落　　帶領孩子唸唱主題兒歌「找朋友」，老師利用棒偶教唱引發孩子興趣，接著介紹分角落的操作方式及注意事項。

小雞小鴨找朋友，吱吱喳喳，宥辰說：小鳥也是吱吱喳喳的，嘻嘻哈哈是小朋友的聲音。

介紹上學的一天……穎涵看到小朋友背書包來上學的圖卡時，告訴大家要說老師早。

人氣王投票……每日皆請幼兒選出自己在班上最好的兩位朋友貼上星星，投票完成後數數看誰的票數最多，即為當日海豚小老師。

分角落

S~校園大探險

帶孩子認識校園環境及校園地圖後，讓一位孩子去將圖卡藏在校園裡，再請其他孩子去將圖卡找回並對應在校園地圖的正確位置上。

找到圖卡後，閎佑正試著將圖卡對應到正確的位置，品君會熱心的提示閎佑。

大家一起分工合作找出圖卡，透過討論，不斷修正對於校園的空間概念。

M~上學的一天

依循提示排出一天的作息，並說出相對應的問候語。

敬文：這張要排在第二，看到老師小朋友要說你好。

A~手指蓋印

在圓形紙卡上畫出五官後，再貼於學習單上，並利用指印替好朋友蓋上頭髮。

我會將五官畫在正確的位置上，並為好朋友設計表情與頭髮。

練習使用白膠，我會將臉型貼於學習單內。

（資料來源：潛能幼兒園）

主題名稱：嗨！你好　　　　　　　　進行週次：第二週(2/7)
課程焦點：建立與友伴的情誼

教學目標	認知：知道跟好朋友表達善意的方法，至少二種以上。 情意：樂於跟好朋友表達自己的善意。 技能：能用通當的方法跟好朋友表達善意，至少二種以上。
活動內容	1.一條心：兩人一組，協力通過障礙。 2.友誼列車：將幼兒大頭照列出，讓小朋友選自己的好朋友，並貼在友誼列車上。 3.我的好朋友：在友誼帽上塗上顏色，並貼上好朋友的照片，帶回家與家人分享。 4.小手變魔術：利用手指偶進行主題故事扮演。

主角落

利用指偶講述主題故事藉以引發幼兒興趣，宥辰會依照主題故事內容將主角偶找出來套上。

分角落解說情景

S~一條心

閎佑喜歡拉著宏洋一起進行活動，我們會一起合作完成關卡動作喔！

動作完成後，我會試著將過關貼紙貼於對應的格子內。

M~友誼列車

找一找，好朋友的相片在哪裡？

操作過後要完成學習單，穎涵正在教導弘奕如何做。

A~友誼帽

海豚班小朋友都相當喜歡進行藝術創作，專注力可以維持相當久喔。

水彩創作　　　蠟筆創作

R～小手變魔術

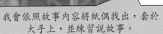
我會依照故事內容將紙偶找出，套於大手上，並練習說故事。

綜合角

作品分享～友誼帽在帽子上貼上好朋友的相片，抱一抱，我要回家告訴家人我有好多好朋友。

戶外活動

（資料來源：潛能幼兒園）

（二）幼兒學習區（角）情境在主題課程的教學活動

（三）幼兒學習區（角）情境在主題課程的幼兒各項統整學習實錄（附MV檔）

1. 大班互動學習
2. 大班區角探索
3. 大班區角教學
4. 中班區角教學
5. 中班區角探索
6. 小班區角教學
7. 幼幼班區角學習引導

【以上七個MV檔請至以下連結或直接掃QRCORD觀看】

https://sites.google.com/view/1iaw

您，了没？

趕緊加入我們的粉絲專頁喲！

教育人文 & 影視新聞傳播～五南書香

 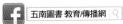

五南圖書 教育／傳播網
https://www.facebook.com/wunan.t8

等你來挖寶

粉絲專頁提供──

．書籍出版資訊（包括五南教科書、
　知識用書、書泉生活用書等）

．不定時小驚喜(如贈書活動或書籍折
　扣等)

．粉絲可詢問書籍事項（訂購書籍或
　出版寫作均可）、留言分享心情或
　資訊交流

封面圖
不定期
會更換

請此處加入
按讚

國家圖書館出版品預行編目資料

幼兒學習區（角）情境規劃的學理與實務／黃
世鈺著. -- 四版. -- 臺北市：五南圖書出
版股份有限公司，2020.01
　　面；　公分
　　ISBN 978-957-763-771-0（平裝）

1.學前教育　2.教學法

523.23　　　　　　　　　　　108019720

1IAW

幼兒學習區（角）情境
規劃的學理與實務

作　　者 ─ 黃世鈺（293）

發 行 人 ─ 楊榮川

總 經 理 ─ 楊士清

總 編 輯 ─ 楊秀麗

副總編輯 ─ 黃文瓊

封面設計 ─ 王麗娟

出 版 者 ─ 五南圖書出版股份有限公司

地　　址：106台北市大安區和平東路二段339號4樓

電　　話：(02)2705-5066　　傳　真：(02)2706-6100

網　　址：https://www.wunan.com.tw

電子郵件：wunan@wunan.com.tw

劃撥帳號：01068953

戶　　名：五南圖書出版股份有限公司

法律顧問　林勝安律師

出版日期　1999年2月初版一刷
　　　　　2000年4月二版一刷
　　　　　2003年8月三版一刷（共三刷）
　　　　　2020年1月四版一刷
　　　　　2023年9月四版三刷

定　　價　新臺幣350元

所有‧欲利用本書內容，必須徵求本公司同意※

五 南
WU-NAN

全新官方臉書

五南讀書趣

WUNAN
Books
since1966

Facebook 按讚

1 秒變文青

f 五南讀書趣 Wunan Books

★ 專業實用有趣
★ 搶先書籍開箱
★ 獨家優惠好康

不定期舉辦抽
贈書活動喔！！

經典永恆・名著常在

五十週年的獻禮 —— 經典名著文庫

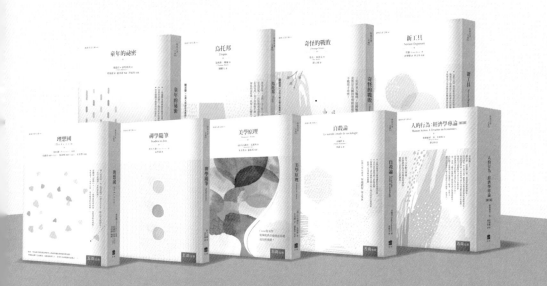

五南，五十年了，半個世紀，人生旅程的一大半，走過來了。

思索著，邁向百年的未來歷程，能為知識界、文化學術界作些什麼？

在速食文化的生態下，有什麼值得讓人雋永品味的？

歷代經典・當今名著，經過時間的洗禮，千錘百鍊，流傳至今，光芒耀人；

不僅使我們能領悟前人的智慧，同時也增深加廣我們思考的深度與視野。

我們決心投入巨資，有計畫的系統梳選，成立「經典名著文庫」，

希望收入古今中外思想性的、充滿睿智與獨見的經典、名著。

這是一項理想性的、永續性的巨大出版工程。

不在意讀者的眾寡，只考慮它的學術價值，力求完整展現先哲思想的軌跡；

為知識界開啟一片智慧之窗，營造一座百花綻放的世界文明公園，

任君遨遊、取菁吸蜜、嘉惠學子！